BEI GRIN MACHT SICH IHR WISSEN BEZAHLT

- Wir veröffentlichen Ihre Hausarbeit, Bachelor- und Masterarbeit

- Ihr eigenes eBook und Buch - weltweit in allen wichtigen Shops

- Verdienen Sie an jedem Verkauf

Jetzt bei www.GRIN.com hochladen und kostenlos publizieren

Sebastian Henopp

Investmentfonds für Aktien und Hedge-Fonds

GRIN Verlag

Bibliografische Information der Deutschen Nationalbibliothek:

Die Deutsche Bibliothek verzeichnet diese Publikation in der Deutschen National-
bibliografie; detaillierte bibliografische Daten sind im Internet über http://dnb.d-
nb.de/ abrufbar.

Impressum:

Copyright © 2003 GRIN Verlag GmbH
Druck und Bindung: Books on Demand GmbH, Norderstedt Germany
ISBN: 978-3-638-73462-2

Dieses Buch bei GRIN:

http://www.grin.com/de/e-book/21689/investmentfonds-fuer-aktien-und-hedge-
fonds

GRIN - Your knowledge has value

Der GRIN Verlag publiziert seit 1998 wissenschaftliche Arbeiten von Studenten, Hochschullehrern und anderen Akademikern als eBook und gedrucktes Buch. Die Verlagswebsite www.grin.com ist die ideale Plattform zur Veröffentlichung von Hausarbeiten, Abschlussarbeiten, wissenschaftlichen Aufsätzen, Dissertationen und Fachbüchern.

Besuchen Sie uns im Internet:

http://www.grin.com/

http://www.facebook.com/grincom

http://www.twitter.com/grin_com

Investmentfonds für Aktien und Hedge-Fonds

- eine kritische Analyse -

Hausarbeit an der Fachhochschule Kiel, Fachbereich Wirtschaft

Wintersemester 2003/2004

Fach   : Finanzierung

Vorgelegt von   : Sebastian Henopp

Abgabetermin   : 10.12.2003

Eidesstattliche Erklärung

Hiermit versichere ich an Eides Statt, dass ich die vorliegende Arbeit selbständig und ohne Benutzung anderer als der in den Fußnoten und im Literaturverzeichnis angegebenen Quellen angefertigt habe.

Kiel, den 10. Dezember 2003

3

Gliederung

1. Investmentfonds in Deutschland heute 7

2. Geschichte der Investmentfonds 8

   2.1. Die Investmentidee 8

   2.2. Die Entwicklung des Investmentsparens in Deutschland 10

3. Rechtliche Betrachtung 11

   3.1. Rechtsgrundlagen 11

   3.2. Wesen des KAGG 12

   3.3. Anforderungen an eine KAG 13

      3.3.1. Rechtsform und Aufbau der KAG 13

      3.3.2. Kontrollmöglichkeiten 14

      3.3.3. Sanktionen 15

   3.4. Rechtliche Betrachtung der Aktieninvestmentfonds 15

4. Investmentfondstypen 17

5. Der „Cost-Average-Effect" 20

   5.1. Sinkende Börsenkurse 22

   5.2. Steigende Börsenkurse 22

   5.3. Schwankende Börsenkurse 23

6. Aktienfonds 25

   6.1. Kosten 25

   6.2. Risiken 27

   6.3. Vorstellung von Investmentfonds 30

      6.3.1. Aktien weltweit: DWS Intervest 30

      6.3.2. Aktien Europa: Fidelity European Growth 32

      6.3.3. Aktien Deutschland: BBV Invest Union 34

      6.3.4. Mischfonds: DWS Vorsorge AS (Dynamik) 36

   6.4. Performancemessung bei Aktieninvestmentfonds 38

   6.5. Fazit 39

7. Hedge-Fonds 40

   7.1. Definition 40

7.1.1 Geschichtliche Herleitung   40

7.1.2 Definition nach dem KAGG ab dem 01.01.2004   40

7.2. Das Wesen von Hedge-Fonds   44

    7.2.1. Ziele der Hedge-Fonds   44

    7.2.2. Instrumente der Hedge-Fonds   44

    7.2.3. Anlagestile der Hedge-Fonds   45

7.3. Kosten von Hedge-Fonds   49

7.4. Regulierungen und ihre Umgehung   50

7.5. Fazit   51

3. Abkürzungsverzeichnis

AuslInvestG	Auslandinvestmentgesetz
BaFin	Bundesanstalt für Finanzdienstleistungsaufsicht
BMF	Bundesministerium der Finanzen
BVI	Bundesverband Investment und Asset Management
dit	Allianz Dresdner Asset Management
DSW	Deutsche Schutzvereinigung für Wertpapierbesitz
InvestmG	Investmentgesetz
KAG	Kapitalanlagegesellschaft
KAGG	Gesetz über Kapitalanlagegesellschaften
TER	Total Expense Ratio, Gesamtkostenquote

4. Tabellenverzeichnis

Tab. 1: Der Cost-Average-Effect bei sinkenden Börsenkursen   22

Tab. 2: Der Cost-Average-Effect bei steigenden Börsenkursen   22

Tab. 3: Der Cost-Average-Effect bei schwankenden Börsenkursen   23

Tab. 4: Der Cost-Average-Effect in der Praxis 24

Tab. 5: Auswirkungen von Ausgabeaufschlägen auf die Performance 26

Tab. 6: Depotgebühren der DWS, DekaBank und Union Investment 27

Tab. 7: Fondsdaten des DWS Intervest 31

Tab. 8: Wertentwicklung des DWS Intervest 32

Tab. 9: Fondsdaten des Fidelity European Growth 33

Tab. 10: Wertentwicklung des Fidelity European Growth 34

Tab. 11: Fondsdaten des BBV Invest Union 35

Tab. 12: Wertentwicklung des BBV Invest Union 36

Tab. 13: Fondsdaten des DWS Vorsorge AS (Dynamik) 37

Tab. 14: Wertentwicklung des DWS Vorsorge AS (Dynamik) 38

5. Abbildungsverzeichnis

Abb.1: Grundtypen von Fonds 17

Abb. 2: Investmentfonds nach der Art der Vergütungsverwendung 18

Abb. 3: Investmentfonds nach der Art der Gewinnverwendung 19

Abb. 4: Investmentfonds nach der Art der Laufzeit 19

Abb. 5: Garantierte Investmentfonds 20

Abb. 6: Investmentfonds nach der Art der Aufnahme weiterer Kapitals 20

Abb. 7: Chart DWS Intervest 30

Abb. 8: Chart Fidelity European Growth   32

Abb. 9: Chart BBV-Invest-Union   34

Abb. 10: Chart DWS Vorsorge AS (Dynamik)   36

Abb. 11: Wertentwicklungsberechnung   39

Abb. 12: Performance of individual Hedge Funds   48

Abb. 13: Wechselkursverhältnis GBP-USD Feb. 1974 bis Mai 2003   52

6. Verzeichnis der Anhänge

Anhang 1: Begründung zu § 112 InvestmG   55

Anhang 2: Verbotsbegründung der Jaeger Research GmbH

     durch das BaFin   56

Anhang 3: Pressemeldung zur Zulassung von Hedge-Fonds   57

1. Investmentfonds in Deutschland heute

Die Vermögensanlage in Investmentfonds erfreut sich seit Jahren großer Beliebtheit. Betrug das Mittelaufkommen in Fonds deutscher Anbieter im Jahr 1990 3.062 Mio. €, so stieg dieses im Jahr 2000 auf 57.945 Mio. € (per 31.10.2003: 31.222 Mio. €).[1] Zur Zeit[2] werden in Deutschland 2.143 Investmentfonds von deutschen Gesellschaften vertrieben. Davon sind knapp die Hälfte Aktienfonds, ca. 30 % sind Rentenfonds und etwa 12 % Gemischte Fonds. Das gesamte Fondsvermögen beläuft sich auf 433.609 Mio. €, wovon der größte Anteil (ca. 31 %) auf Aktienfonds entfällt (Rentenfonds: ca. 27 %, Geldmarktfonds: ca. 16 %).[1]

Diese Arbeit zeigt die Vor- und Nachteile von Investmentfonds anhand von theoretischen und praktischen Beispielen auf.

Dazu wird in Gliederungspunkt 2 die Entstehungsgeschichte der Investmentfonds sowohl außerhalb als auch innerhalb Deutschlands verfolgt, gefolgt von Gliederungspunkt 3 in dem die Investmentfondsanlage auf Basis der deutschen Gesetze von seiner rechtlichen Seite betrachtet wird.

Die wesentlichen Unterscheidungsmerkmale von Investmentfonds werden in Punkt 4 aufgeführt.

Punkt 5 geht auf den „Cost-Average-Effect" ein, einem Vorteil, der bei Sparplänen auftritt.

Gliederungspunkt 6 geht von der theoretischen Seite zum praktischen Teil über. Er beschreibt die Kosten und Risiken, denen die Anleger sich bewusst sein sollten. Für die Vorstellung von Aktieninvestmentfonds wurden Fonds ausgewählt, die sich in den letzten fünf Jahren am besten im Vergleich zu ihrer

---

[1] http://www.bvi.de/fsSEKM-4MRMW3.html
[2] 31.10.2003

Benchmark behauptet haben. Im nächsten Punkt wird die Performance-Messung für Investmentfonds behandelt und beurteilt.

Aus aktuellem Anlass beschäftigt sich der Gliederungspunkt 7 mit der Zulassung von Hedge-Fonds. Zunächst wird auf die Herkunft des Begriffes eingegangen. Im weiteren werden das Wesen und die Kosten, die sich von herkömmlichen Investmentfondsanlagen gravierend unterscheiden, definiert. Schließlich werden Strategien um Hedge-Fonds ähnliche Anlageprodukte auf dem deutschen Markt - unter Umgehung des deutschen Rechts - zu vertreiben aufgezeigt und deren Konsequenzen aufgeführt. In einem Fazit wird der schlechte Ruf der Hedge-Fonds und ihre Auswirkung auf den deutschen Markt behandelt.

2. Geschichte der Investmentfonds

2.1. Die Investmentidee

Die Idee des Investments ist keine Errungenschaft des 20. Jahrhunderts, sondern sie reicht zurück ins England des 19. Jahrhunderts [2]. So wurde die erste Investmentgesellschaft mit Namen „Foreign and Colonial Government Trust" 1868 in England gegründet. Zwei Gründe sind hier als begünstigend zu nennen:

a. Als mit Beginn der Industrialisierung größere Bevölkerungsschichten zu Ersparnissen kamen, stellte sich für diese die Frage der Kapitalanlage. Jedoch fehlte ihnen zum einen das notwendige Wissen, um das Kapital anzulegen, zum anderen viel Vermögen, um eine angemessene Risikostreuung vorzunehmen.

b. Der Anlass zur Gründung einer Kapitalanlagegesellschaft lag auf der einen Seite in den zu jener Zeit niedrigen Zinsen und auf der anderen Seite in den positiven Erfahrung, die englische und schottische Treuhänder in der

---

[1] http://www.bvi.de/fsSEKM-4MRMW3.html
[2] Egner (1998): 7-10

Verwaltung von Vermögen in familien- und erbrechtlichen Einrichtungen, sogenannten Trusts, gemacht hatten.

Der Gesellschaftszweck des „Foreign and Colonial Government Trust" wird in dem Gründungsprospekt wie folgt beschrieben:

> „To give the investor of moderate means the same advantage as the large capitalists in [..] [diminishing][1] the risk of investing in foreign and colonial government stocks, by spreading the investment over a number of different stocks [...]"[2]

In dieser frühen Definition befinden sich schon zwei Aspekte: die gemeinsame Kapitalanlage und die Risikostreuung.

Im heutigen Verständnis beinhaltet ein Investment-Fonds (von franz. Fonds = Boden, Grundstock) die folgenden Elemente[3]:

1. Kollektive Kapitalanlage

   Aufgrund der kleineren Anlagesummen ist der Kleinanleger gegenüber dem Großanleger im Zugang zum Anlagemarkt benachteiligt. Durch die Bündelung steht ihm der Zugang offen. Er ist in der Lage, die „Economies of scale" zu nutzen.

2. Kapitalbewirtschaftung

   Investmentunternehmen besitzen Effekten und geben eigene Effekten aus. Sie pflegen Effektenengagements, keine Beteiligungen oder Finanzierungen.

---

[1] In der Quelle steht „diminuishing", was - wenn es nicht ein Tippfehler ist - nicht mehr heutigem Sprachgebrauch entspricht (Anm. d. Verf.).
[2] Egner (1998): 7
[3] Egner (1998): 8 f.

3. Risikoverteilung

Durch Streuung wird das bei Wertpapieranlagen vorhandene Risiko gemindert.

4. Fremdverwaltung

Die Fachkenntnisse der Anleger reichen nicht aus, um das Sondervermögen des Fonds zu verwalten, weshalb die Fremdverwaltung nötig ist.

2.2. Die Entwicklung des Investmentsparens in Deutschland

Erste Anfänge des Investmentsparens in Deutschland reichen in die 20er Jahre zurück, konnten sich jedoch aufgrund schlechter Rahmenbedingungen zunächst nicht dauerhaft durchsetzen[1]. Erst 1949 kam es in Bayern durch begünstigende Steuergesetze zur Gründung der „Allgemeine Deutsche Investment-GmbH" (ADIG)[2]. In Anlehnung an diese Gesellschaft wurde 1957 das „Gesetz über Kapitalanlagegesellschaften" (KAGG) verabschiedet[3]. Da man zunehmende Erfolge im Vertrieb von Investmentfonds im Ausland beobachtete, entschloss sich der Gesetzgeber, ein Gesetz zu schaffen, dass den Verkauf ausländischer Fonds in Deutschland regelte. Dazu verabschiedete er 1969 das Auslandinvestment-Gesetz.[4] 1990 wurde das Erste Finanzmarktförderungsgesetz erlassen, in dem eine EG-Richtlinie umgesetzt wurde, um der Harmonisierung des europäischen Kapitalmarktes Rechnung zu tragen.[1] Jedoch waren die deutschen Kapitalanlagegesellschaften unzufrieden mit der Gesetzesnovelle, da sie sich Wettbewerbsnachteilen gegenüber ihren europäischen Mitbewerbern ausgesetzt sahen. 1994 folgte dann das Zweite Finanzmarktförderungsgesetz, das Geldmarktfonds zuließ, die Wertpapierleihe und die Möglichkeit der Anlage zu 100 % in Schuldverschreibungen eines

---

[1] Egner (1998): 24
[2] Egner (1998): 29
[3] Egner (1998): 30
[4] Egner (1998): 31

staatlichen Emittenten eröffnete.[2] Das Dritte Finanzmarktförderungsgesetz wurde 1997 ausgearbeitet. In dieser Novelle wurden u.a. Aktienindexfonds und Gemischte Wertpapier- und Grundstücksfonds zugelassen.[3] Schließlich wurde im Jahr 2002 die letzte Änderung am KAGG durch das Vierte Finanzmarktförderungsgesetz vollzogen. Das Gesetz sollte die Anleger durch mehr Transparenz besser schützen, die Marktposition der deutschen Börsen im internationalen Wettbewerb stärken und im Zuge der Bekämpfung des internationalen Terrorismus die Geldwäsche erschweren.[4]

3. Rechtliche Betrachtung

3.1 Rechtsgrundlagen

Die Rechtsgrundlage für den Vertrieb von Investmentfonds in Deutschland ist das Gesetz über Kapitalanlagegesellschaften. Dieses Gesetz schließt alle Investmentfonds ein, die von Kapitalanlagegesellschaften mit Sitz und Geschäftsleitung in Deutschland vertrieben werden.

Für den Vertrieb von Investmentfonds durch ausländische Fondsgesellschaften gilt das Auslandinvestmentgesetz (AuslInvestG) als Rechtsgrundlage.

Aufgrund der beschlossenen Änderungen des KAGG und des AuslInvestG, die zum 01.01.2004 rechtskräftig werden, ist ebenfalls das durch die Zusammenlegung der beiden Gesetze entstehende Investmentgesetz (InvestmG) Rechtsgrundlage.

In diesem Gesetz sollen wesentliche Vereinfachungen für den Vertrieb und die Zulassung von Investmentfonds festgelegt werden.

---

[1] Egner (1998): 41 f.
[2] Egner (1998): 42
[3] http://wertpapierhandelsgesetz.trenkler.de/german/04wphg00.shtml
[4] http://www.bundesregierung.de/Themen-A-Z/Steuern-und-Finanzen-,7397/Viertes-Finanzmarktfoerderungs.htm

Unter anderem sind die Ziele, eine steuerliche Gleichbehandlung von in- und ausländischen Investmentfonds, eine Vereinfachung des Verkaufsprospektes, eine Stärkung der BaFin und mehr Kostentransparenz, z.b. durch die Einführung der TER (Gesamtkostenquote).[1]

3.2 Wesen des KAGG

Das KAGG ist zum Schutz des Anlegers auf der einen Seite und zur Rechtsicherheit der KAG auf der anderen Seite geschaffen worden. So definiert das Gesetz in § 1 Kapitalanlagegesellschaften als Kreditinstitute, die das Geld der Anleger

- im eigenen Namen für gemeinschaftliche Rechnung der Anteilinhaber,

- nach dem Grundsatz der Risikomischung,

- in nach dem KAGG zugelassenen Vermögensgegenstände,

- gesondert vom eigenen Vermögen anlegen

- und im Gegenzug Anteilsscheine herausgeben.[2]

Das Gesetz schützt die Begriffe. Kapitalanlagegesellschaft, Investmentfonds, Investmentgesellschaft und Investment. Über die Benutzung in der Firma und dem Vertrieb wacht das BaFin.[3]

Im weiteren ist jede zulässige Investmentfondsart genau definiert. Das Gesetz legt fest, welche Vermögensgegenstände bis zu welchem prozentualen Anteil sich im Vermögen der Fonds befinden dürfen.

Dem Anleger ist vor dem Vertragsabschluß ein datierter Verkaufsprospekt zu übergeben, dem Vertragsbedingungen und die letzten Rechenschaftsberichte

---

[1] Vorstellung Entwurf Investmentmodernisierungsgesetz
- Kurzübersicht - Bundesministerium der Finanzen 08. Juli 2003
[2] § 1 Abs. 1 KAGG
[3] § 7 KAGG

und Halbjahresberichte beizufügen sind. Der Verkaufsprospekt hat bestimmte Angaben über die KAG und die Art des Vermögens des Investmentfonds zu enthalten.[1] Aus den Angaben des Prospektes ergibt sich eine Prospekthaftung.[2]

Die KAG hat für jedes abgelaufene Geschäftsjahr des Fonds einen Rechenschaftsbericht und für jedes Halbjahr einen Halbjahresbericht zu erstellen.[3]

Wenn mündliche Verkaufsverhandlungen außerhalb der Geschäftsräume des Vermittlers einen Kauf durch eine Privatperson zur Folge haben, so ist der Kauf nur nach Ablauf einer zweiwöchigen Frist ohne Widerruf des Käufers rechtskräftig.[4]

Mitglieder des Vorstandes und des Aufsichtrates können keine Anteile von Investmentfonds der KAG erwerben oder verkaufen.[5]

Über die Trennung des Vermögens der KAG und des Vermögens der Investmentfonds (sog. Sondervermögen) soll in Gliederungspunkt 3.4.1. eingegangen werden.

3.3. Anforderungen an eine KAG

3.3.1. Rechtsform und Aufbau der KAG

Kapitalanlagegesellschaften dürfen nur in der Rechtsform einer AG oder GmbH existieren. Der Sitz und die Hauptverwaltung müssen in Deutschland sein.[6]

Unabhängig von der Rechtsform ist ein Aufsichtrat zu bilden, der sachkundig zu sein und die Interessen der Anleger zu vertreten hat.[1]

---

[1] § 19 KAGG
[2] § 20 KAGG
[3] § 24a KAGG
[4] § 23 KAGG
[5] § 5 KAGG
[6] § 1 Abs. 3KAGG

Die Hürde zur Gründung einer KAG ist relativ hoch. So muss ein Nennkapital von 2,5 Mio. € eingezahlt werden. Des weiteren wird im Gesetz vorgeschrieben, dass die Geschäftsleiter fachlich geeignet sein müssen und dass die Satzung zum Ausdruck bringt, dass keine anderen Geschäfte, als im Gesetz festgehalten, für das Vermögen der Kunden getätigt werden dürfen.[2]

Für jeden Fonds ist ein Sondervermögen zu bilden. Diese Sondervermögen sind getrennt vom eigenen Vermögen der KAG und auch von anderen Sondervermögen zu halten. Zum Sondervermögen gehören nicht nur die Vermögensgegenstände, sondern auch Rechte, die mit ihnen im Zusammenhang stehen, wie z.B. Bezugsrechte.[3]

Grundsätzlich wird bei der Anlage in Investmentfonds eine Trennung der Zuständigkeiten vorgenommen. Die Verwahrung und Ausgabe bzw. Rücknahme der Anteilsscheine des Sondervermögens obliegt einer Depotbank. Diese Depotbank muss ihren Sitz in Deutschland haben, muss mindestens ein haftendes Eigenkapital von 5 Mio. € haben und handelt alleine auf Weisung der KAG. Jedoch ist sie zur Wahrnehmung der Interessen der Anleger verpflichtet und darf Weisungen, die gegen Gesetze oder Vertragsbedingungen verstoßen, nicht ausführen.[4]

3.3.2. Kontrollmöglichkeiten

Die KAG unterliegt als Kreditinstitut der Überwachung des BaFin.[5]Dieses überwacht die Einhaltung der Vorschriften des KAGG und verhängt gegebenenfalls Sanktionen.[6]

Die KAG und die Depotbank handeln unabhängig voneinander im ausschließlichen Interesse der Anleger. Die Depotbank ist verpflichtet, auf die

---

[1] § 3, 4 KAGG
[2] § 2 Abs. 2 KAGG
[3] § 6 KAGG
[4] § 12 KAGG
[5] § 2 KAGG
[6] § 68 Abs. 5 KAGG

Einhaltung der gesetzlichen und vertraglichen Bestimmungen der Weisungen der KAG zu achten.[1]

3.3.3. Sanktionen

Verstöße gegen bestimmte Vorschriften des KAGG, insbesondere gegen Anlagehöchstgrenzen, die Verstöße gegen Vertragsbedingungen sowie die Angaben in Verkaufsprospekten, stellen eine Ordnungswidrigkeit dar, die mit einer Geldbuße von bis zu 25.000 € geahndet werden kann.[2]

3.4. Rechtliche Betrachtung der Aktieninvestmentfonds

Das KAGG befasst sich im besonderen von § 8 bis § 25 mit Wertpapierfonds. Wertpapierfonds beinhalten Wertpapiere, die entweder im amtlichen Handel an einer Börse innerhalb der EU zugelassen sind oder deren Zulassung beantragt ist. Des weiteren können sich Wertpapiere im Sondervermögen befinden, die außerhalb der EU an einer Börse gehandelt werden oder deren Zulassung innerhalb eines Jahres erfolgt. Zusätzlich dazu dürfen sich Aktien aus einer Kapitalerhöhung aus Gesellschaftsmitteln, Aktien aus der Ausübung von Bezugsrechten und Bezugsrechte im Sondervermögen des Fonds befinden.[3]

Das KAGG spricht ebenfalls Höchstanlagegrenzen aus. Folgende Wertpapierarten dürfen sich in unbegrenzter Höhe im Sondervermögen des Investmentfonds befinden:

- Wertpapiere, die zum Handel an einer Börse (organisierter Markt) innerhalb oder außerhalb der EU zugelassen sind,

- Aktien bei einer Kapitalerhöhung aus Gesellschaftsmitteln (Gratisaktien),

- Wertpapiere durch Ausübung von Bezugsrechten im Sondervermögen,

---

[1] § 12 Abs. 2 und § 10 Abs. 1 KAGG
[2] § 68 KAGG
[3] § 8 Abs. 1 Nr. 1 – 4 KAGG

- und Bezugsrechte von Wertpapieren im Sondervermögen.

Folgende Wertpapiere dürfen sich nur in begrenzter Höhe im Sondervermögen befinden:

- Wertpapiere, die innerhalb oder außerhalb der EU innerhalb eines Jahres zum Börsenhandel an einem amtlichen Markt oder zum organisiertem Handel zugelassen werden mit bis zu 10 %,[1]

- Wertpapiere, die nicht zum amtlichen Handel oder in einem organisiertem Handel zugelassen sind mit bis zu 10 %,[2]

- Schuldscheindarlehen des Bundes oder anderen öffentlichen Körperschaften mit bis zu 10 %,[3]

- Geldmarktpapiere mit einer Restlaufzeit von höchstens zwölf Monaten mit bis zu 49 %.[4]

Einzelwerte dürfen bis zu 5 % des Sondervermögens betragen. Ausnahmen sind nur zulässig mit bis zu 10 %, wenn dies in den Vertragsbedingungen vorgesehen ist.[5]

Ausnahmen von diesen Beschränkungen gelten für Indexfonds.[6]

---

[1] § 8 Abs. 2 Nr. 1a KAGG
[2] § 8 Abs. 2 Nr. 1 KAGG
[3] § 8 Abs. 2 KAGG
[4] § 8 Abs. 3 KAGG
[5] § 8a Abs.1 KAGG
[6] § 8c Abs. 3 Nr. 1 KAGG

4. Investmentfondstypen

Die verschiedenen Investmentfondstypen kann man wie folgt einteilen:

Abb.1: Grundtypen von Fonds

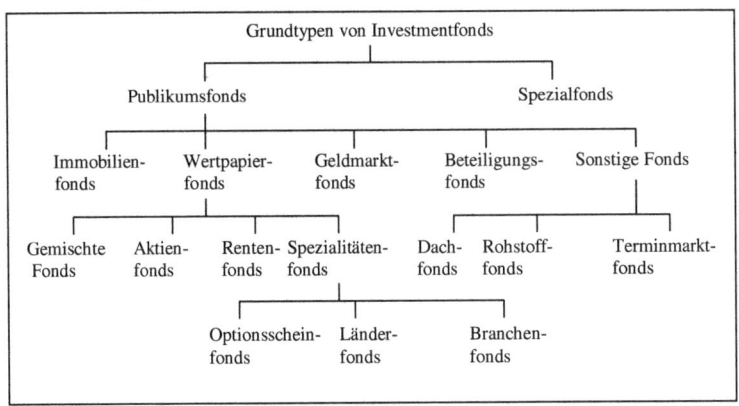

Quelle: Egner (1998): 11

Zur besseren Unterscheidung sind einige Investmentfonds im folgenden aufgeführt:

- Spezialfonds sind Fonds deren Anteile von nicht mehr als zehn institutionellen Anlegern gehalten werden. Sie dürfen nur mit Zustimmung der KAG weitergegeben werden.[1]

- Im Gegensatz dazu sind Publikumsfonds jeder natürlichen Person zugänglich und für die breite Öffentlichkeit gedacht.

- Immobilienfonds sind Fonds, in denen sich u.a. Mietwohngrundstücke, Geschäftsgrundstücke und gemischt genutzte Grundstücke befinden. Ebenfalls erlaubt sind Beteiligungen an Grundstücksgesellschaften.[2]

---

[1] § 1 Abs. 2 KAGG
[2] § 26 – 37 KAGG

- Geldmarktfonds investieren in Bankguthaben und Geldmarktinstrumente, wie verzinsliche Wertpapiere, die eine Restlaufzeit von höchstens zwölf Monaten haben oder deren Verzinsung während ihrer Laufzeit mindestens einmal alle 12 Monate marktgerecht angepasst wird.[1]

- Beteiligungsfonds beinhalten Wertpapiere, Schuldscheindarlehen und stille Beteiligungen an deutschen Unternehmen, die nicht börsennotiert sind[2].

- Dachfonds sind Fonds, die ihrerseits ihr Kapital in Investmentfonds investieren, die aber keine Spezialfonds sein dürfen.[3]

- Wertpapierfonds investieren ihr Kapital in Wertpapiere. Wertpapierfonds können Indizes 1:1 nachbilden und heißen dann „Indexfonds"[4]. Ebenfalls können sich in einem Wertpapierfonds ausschließlich Wertpapiere eines Landes befinden (sog. „Länderfonds")[5] oder Wertpapiere einer Branche (sog. „Branchenfonds"). Gemischte Fonds sind Fonds, die in Wertpapiere und Immobilien investieren[6].

Weiterhin kann man Investmentfonds nach folgenden Kriterien unterteilen:

Abb. 2: Investmentfonds nach der Art der Vergütung

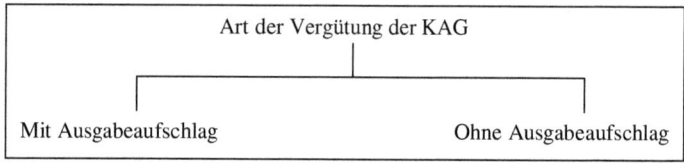

Bei einem Fonds mit Ausgabeaufschlag wird von der eingezahlten Anlagesumme einmalig ein vorab bekannter Prozentsatz abgezogen. Dafür ist im Gegenzug die Managementgebühr niedrig. Bei einem Fonds ohne

---

[1] § 7a – 7d KAGG
[2] § 25a – 25j KAGG
[3] § 25k – 25m KAGG
[4] § 8g KAGG
[5] § 8 Abs. 1 Nr. 3, 4 KAGG
[6] § 37a – 37g KAGG

Ausgabeaufschlag fällt die einmalige Zahlung weg, im Gegensatz dazu ist aber die jährliche Managementgebühr höher. Diese Fonds ohne Ausgabeaufschlag werden je nach Anbieter „No-Load-Fonds", „Net-Fonds" oder „Trading-Fonds" genannt.

Abb. 3: Investmentfonds nach der Art der Gewinnverwendung

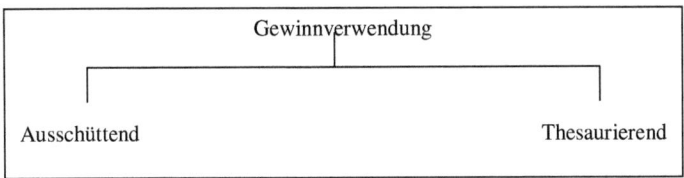

Bei ausschüttenden Investmentfonds wird der jährliche Gewinn einmal im Jahr ausgeschüttet. Befindet sich das Depot bei der Depotbank der KAG, so wird die Ausschüttung sofort in Anteilen angelegt, so dass die Anzahl der Anteile zunimmt. Befindet sich das Depot bei der Hausbank, wird der Gewinn auf das Verrechnungskonto des Depots ausgeschüttet. In Höhe der Ausschüttung sinkt der Anteilswert.

Bei thesaurierenden Fonds verbleibt der Gewinn im Fondsvermögen und wird zum Kauf neuer Vermögenswerte verwendet. Daher steigt der Preis der Anteile stärker an als bei ausschüttenden Fonds. Die Anzahl der Anteile nimmt hier nicht zu.

Abb. 4: Investmentfonds nach der Art der Laufzeit

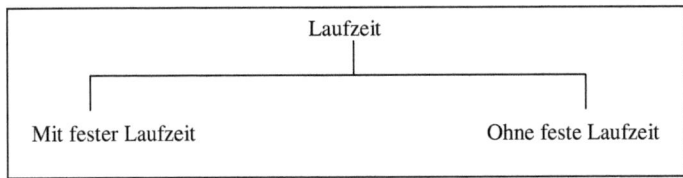

Bei Investmentfonds mit fester Laufzeit steht der Auflösungszeitpunkt des Fonds schon von vornherein fest, während bei Fonds ohne feste Laufzeit eine Auflösung nicht festgelegt ist.

Abb. 5: Garantierte Investmentfonds

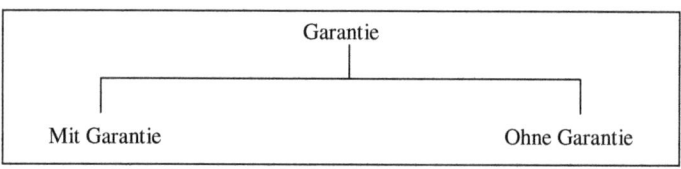

Garantiefonds garantieren den Anlegern eine bestimmte Rendite. Allgemein üblicher sind Fonds ohne Garantie. Garantiefonds sind in Zeiten hoher Marktvolatilität beliebt, begrenzen aber gleichzeitig die positive Entwicklung des Fonds bei guter Marktentwicklung.

Abb. 6: Investmentfonds nach der Art der Aufnahme weiteren Kapitals

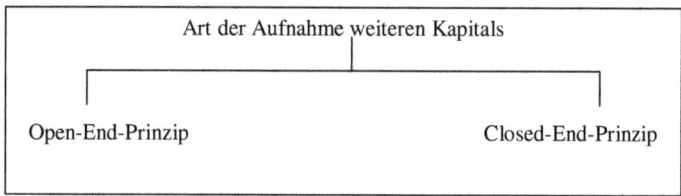

Investmentfonds nach dem Open-End-Prinzip werden auch offene, Fonds nach dem Closed-End-Prinzip geschlossene Fonds genannt. Bei offenen Fonds gibt es ein jederzeitiges Rückgaberecht der Anteile und ebenfalls eine neue Ausgabe von Anteilen. Bei Fonds nach dem Closed-End-Prinzip wird der Fonds - oftmals bei Erreichen einer bestimmten Größe - geschlossen, d.h. es gibt weder eine Rücknahmeverpflichtung von Anteilen seitens der Kapitalanlagegesellschaft, noch werden neue Anteile emittiert. Diese Anteile können nur an Dritte verkauft werden, z.B. über die Börse[1].

5. Der „Cost-Average-Effect"

Im allgemeinen kann der Anleger an der Börse drei Entwicklungen beobachten:

---

[1] Egner (1998): 21

- sinkende Börsenkurse,
- steigende Börsenkurse und
- schwankende Börsenkurse.

Die Erfahrung zeigt, dass es einem Anleger selten gelingt, den günstigsten Moment für eine Einmalanlage in Investmentfonds wahrzunehmen.

Bei einer Einmalanlage und anschließendem Sinken der Aktienkurse, und somit sinkenden Preisen der Fonds, in denen die Aktien enthalten sind, kauft der Anleger zu teuer ein.

Bei steigenden Börsenkursen besteht die Gefahr, erst in dem Moment Anteile an Fonds zu kaufen, wenn der Trend nach oben schon begonnen hat. Somit hat der Anleger nur die Möglichkeit, auf den ‚schon fahrenden Zug auf zu springen', und verpasst ein weiteres Mal den günstigsten Einstiegsmoment.

Bei schwankenden Kursen wird es noch schwieriger, den richtigen Moment für einen Einstieg zu finden, da hier oftmals kein klarer Trend zu erkennen ist und es dem Anleger unmöglich erscheint, eine Kaufentscheidung zu treffen.

Die Risiken der Einmalanlage lassen sich durch regelmäßige, feste Einzahlungen minimieren.

Um dies zu verdeutlichen, folgt jeweils ein Beispiel für jede oben angeführte Situation.[1] Der Einfachheit halber werden folgende Annahmen zugrunde gelegt:

- Es erfolgen monatliche Zahlungen von 100 €,
- Es werden fünf Zahlungen geleistet,
- Es entstehen keine Kosten.

---

[1] vgl. Grill et al. (1998): 250

5.1. Sinkende Börsenkurse

Tab. 1: Der Cost-Average-Effect bei sinkenden Börsenkursen

Preis je Anteil (€)	Anzahl der erworbenen Anteile
80	1,250
70	1,429
60	1,667
50	2,000
40	2,500
Σ 300	Σ 8,845

Es ergibt sich rechnerisch ein durchschnittlicher Ausgabepreis je Anteil von 60 €. Tatsächlich hat der Sparer aber nur einen durchschnittlichen Einstandspreis von 56,53 €.

Daher ergibt sich für ihn ein Preisvorteil pro Anteil von 3,47 €.

5.2. Steigende Börsenkurse

Tab. 2: Der Cost-Average-Effect bei steigenden Börsenkursen

Preis je Anteil (€)	Anzahl der erworbenen Anteile
30	3,333
35	2,857
40	2,500
45	2,222
50	2,000
Σ 200	Σ 12,912

Hier ergibt sich rechnerisch ein durchschnittlicher Ausgabepreis je Anteil von 40 €. Demgegenüber steht ein Durchschnitts-Einstandspreis von 38,70 €.

Somit ergibt sich ein Preisvorteil von 1,30 € pro Anteil.

5.3. Schwankende Börsenkurse

Tab. 3: Der Cost-Average-Effect bei schwankenden Börsenkursen

Preis je Anteil (€)	Anzahl der erworbenen Anteile
30	3,333
40	2,500
35	2,857
60	1,667
50	2,000
Σ 215	Σ 12,357

Bei diesem Beispiel hat der Anleger rechnerisch einen Durchschnitts-Ausgabepreis von 43,00 €, jedoch auch hier einen günstigeren Durchschnitts-Einstandspreis von 40,46 €.

Auch hier hat der Anleger einen Preisvorteil je Anteil von 2,54 €.

Das dieser Effekt nicht nur im Modell funktioniert, sondern auch in der Realität, zeigt das folgende Beispiel.

Tab. 4: Der Cost-Average-Effect in der Praxis

Fonds	Rücknahmepreis (*) am 03.01.2000 in €	Zahl der Anteile am 31.07.2003	Durchschnittlicher Kaufpreis am 31.07.2003 in €	Rücknahmepreis am 31.07.2003 in €
Adig Aditec	218,33	56,36	114,10	45,14
SEB Invest Concept TeleTech	45,00	300,29	19,95	9,73
Deka TeleMedien TF	120,84	77,75	68,74	35,52
nordasia-com	100,00	178,60	24,08	24,64
UniSector: Internet	78,99	96,79	54,08	26,74
dit-Technologiefonds	291,42	32,76	172,92	78,57

* Ausgabepreis beim Adig Aditec und UniSector: Internet

Quelle: eigene Angaben der Fondsgesellschaften zitiert aus: Süddeutsche Zeitung, 30.09.2003: 27

Tätigt der Anleger am 03.01.2000 eine Einmalanlage in den Deka TeleMedien TF, zahlt er pro Anteil einen Preis von 120,84 € (erste Spalte). Würde er die Summe in gleich hohe Raten aufteilen und monatlich überweisen, hätte er am 31.07.2003 77,75 Anteile erworben (zweite Spalte) zu einem durchschnittlichen Kaufpreis von 68,74 € (dritte Spalte). Führt man einen Vergleich durch zwischen dem Kaufpreis der Einmalanlage und dem Rücknahmepreis zum 31.07.2002 von 35,52 € (vierte Spalte) entsteht ein Verlust von 85,32 €.

Ein Vergleich des durchschnittlichen Kaufpreises mit dem Rücknahmepreis zum 31.07.2003 zeigt dagegen „nur" einen Verlust von 33,22 €.

Dieser Effekt, einen günstigen Durchschnittskurs („Cost-Average-Effect") zu erhalten, verstärkt sich, je volatiler ein Investmentfonds ist. Den Idealfall stellt ein Szenario dar, dass eine relative Preisstabilität auf einem niedrigen Niveau über einen längeren Zeitraum und ein starkes Steigen zum Ende der Sparphase vorsieht. So wird der Anleger viele Anteile im Zeitraum der niedrigen Preise kaufen, die zum Ende stark an Wert gewinnen.

6. Aktienfonds

6.1. Kosten

Bei Aktieninvestmentfonds kommt es im allgemeinen zu drei verschiedenen Arten von Kosten, nämlich durch:

- Den Ausgabeaufschlag,

- die Verwaltungsvergütung und

- die Depotgebühren.

Oftmals bieten Anlagegesellschaften ihren Kunden den gleichen Investmentfonds mit und ohne Ausgabeaufschlag an. Welche Fondsart der Anleger wählt, hängt von verschiedenen Kriterien ab. Ein Kriterium kann der Anlagehorizont sein. Hat der Anleger eine längerfristige Anlage im Sinn, lohnt sich für ihn ein Fonds mit Ausgabeaufschlag, bei einem kurzen Engagement ein Fonds ohne Ausgabeaufschlag. Ein Beispiel:

Der UniGlobal hat einen Ausgabeaufschlag von 5 % und eine jährliche Verwaltungsvergütung von maximal 1,25 %. Der UniGlobal – net hingegen hat keinen Ausgabeaufschlag, aber eine Verwaltungsgebühr von maximal 1,75 % zuzüglich einer erfolgsabhängigen Vergütung, die hier bis zu einem viertel Prozentpunkt der höheren Wertentwicklung des Fonds gegenüber dem Vergleichsindex beträgt[1].

---

[1] Union Investment, Fondsdaten September 2003: 19-20

Trading-Fonds haben einen weiteren Nachteil, nämlich die längerfristig schlechtere Performance gegenüber ihren Pendants mit Ausgabeaufschlag. Dies liegt an der höheren Verwaltungsvergütung, die laufend dem Fonds entnommen wird, während der Ausgabeaufschlag einmalig anfällt.[1]

Allerdings wirkt sich ein hoher Ausgabeaufschlag zuungunsten der Wertentwicklung des Portfolios aus. Dies verdeutlicht das folgende Beispiel, in dem von einer Anlagedauer von 20 Jahren ausgegangen werden soll.

Tab. 5: Auswirkungen von Ausgabeaufschlägen auf die Performance

Ausgabeauf-schlag (%)	Rendite des Fonds (%)	Sparrate (€)	Effektive Rendite (%)	Gesamtergebnis (€)	Erreichtes Vermögen (%)
0	5	50,00	5,00	69,10	20.290,22
0	10	50,00	10,00	199,30	35.912,96
2,5	5	50,00	4,77	64,90	19.782,97
2,5	10	50,00	9,78	191,80	35.015,14
5	5	50,00	4,53	60,60	19.275,71
5	10	50,00	9,56	184,30	34.117,31
6,1	5	50,00	4,43	58,80	19.052,52
6,1	10	50,00	9,46	181,00	33.722,27

Quelle: www.diba.de/wb/fondscenter/dibafondsrendite.html,   eigene Berechnungen

Ideal für langfristige Anleger ist daher das Angebot, das Direktbanken offerieren, nämlich einen Fonds mit reduziertem Ausgabeaufschlag zu kaufen. Dieser Rabatt ist von Bank zu Bank in der Höhe und dem Fonds verschieden. Bei manchen Banken können ebenfalls nicht alle Fonds bespart werden und eignen sich demnach nur für die Einmalanlage.

Festzustellen ist, dass einige Direktbanken einen Nachlass von bis zu 100 % geben, sowohl bei Einmalanlagen, als auch bei Sparplänen.[1] Jedoch sollte der Anleger auch hier die Anlagebedingungen beachten und die Nebenkosten wie

---

[1] Egner (1998): 121

Depotkosten pro Jahr im Auge behalten, da es dort die unterschiedlichsten Modalitäten gibt. So wirbt der Anbieter „finanzoptimierung.de" bei fast allen Fonds bei einem Sparplan mit einem Nachlass von 100 %. Jedoch wird dieser Nachlass erst nach 5 Jahren ausgezahlt. Zusätzlich ist eine Depotgebühr von 29 € pro Jahr fällig.[2]

Die Depotgebühren bei den drei großen deutschen Investmentbanken (DWS, DekaBank, Union Investment) variieren nur leicht. Eine Verwahrung von Fremdfonds ist außer bei der Union Investment nicht möglich. Die verschiedenen Gebührensätze sind im folgenden aufgeführt. Eine allgemeingültige Aussage über die Verwahrung von Fondsanteilen im Bankdepot kann man nicht treffen, da jedes Institut über verschiedene Konditionenmodelle verfügt.

Tab. 6: Depotgebühren der DWS, DekaBank und Union Investment

| | DWS | DekaBank | Union Investment | |
			Ohne Fremdfonds	Mit Fremdfonds
Kostenpausch ale p.a.	0,29 % vom Depotwert, mind. 8 €, max. 10,08 €	10,22 €	9,86 €	33,83 €

Quelle: http://info.dws.de/dws/nav_dwsdirekt.nsf/frameset, mündliche Auskunft

6.2. Risiken

Wenn in der Finanzwirtschaft von Risiko gesprochen wird, meint man die Möglichkeit eines Verlusteintritts. Dieses Risiko ist auch als „Downside Risk" bekannt.[3] Strenggenommen entsteht dieses Risiko durch unvollkommene Information. Der Anleger trifft Entscheidungen, die auf seinem aktuellen

---

[1] Finanzen Extra (1/2003): 112 f
[2] Finanzen Extra (1/2003): 115
[3] Egner (1998): 154

Informationsstand beruhen. Diese Informationsgewinnung ist limitiert durch den Zeitfaktor.[1]

Generelle Aussagen kann man aus dem „magischen Dreieck" gewinnen, in dem sich Sicherheit, Rentabilität und Liquidität gegenüberstehen und sich widerstreben. Eine „risikolose" Anlage in Aktieninvestmentfonds wird schwerlich einen hohen Ertrag abwerfen. Demgegenüber wird eine „risikoreiche" Anlage nicht die gewünschte absolute Sicherheit bieten können.

Weitere Risiken sind im Überblick dargestellt:

• Fondsmanagementrisiken

    Der Anleger trifft seine Anlageentscheidung durch Auswahl eines bestimmten Fonds. Die Ziele des Fondsmanagements stimmen aber nicht unbedingt mit seinen Zielen überein. Trotzdem hat er keinen Einfluss auf die Entscheidungen des Managements.[2] Eine Auskunft über die Ziele des Fondsmanagements gibt der Verkaufsprospekt.

• Kostenrisiko

    Der Anleger hat ein Risiko durch die Ausgabekosten und die Verwaltungsgebühren zu tragen. Verkauft der Anleger seine Anteile zu früh nach dem Kauf, muss er vielleicht Einbußen seines Vermögens hinnehmen. Stagniert die Wertentwicklung eines Fonds oder ist sie sogar negativ, wird durch die Verwaltungsgebühr das Kapital verzehrt.[3]

---

[1] Egner (1998): 152
[2] Basisinformation über die Vermögensanlagen in Wertpapieren (1999): 121
[3] Basisinformation über die Vermögensanlagen in Wertpapieren (1999): 121

- Risiko rückläufiger Anteilspreise

Die Aktien in dem Sondervermögen unterliegen an der Börse Angebot und Nachfrage. Daher kann es sein, dass der Kurswert der Aktien nicht unbedingt ihrem inneren Wert entspricht.[1]

- Risiko der Fehlinterpretation von Performance-Statistiken

Investment-Ranglisten sind nicht unbedingt geeignet zur Anlage-entscheidung. Diese gehen nicht nur von Vergangenheitsdaten aus, sondern auch von der Wiederanlage der Erträge und berücksichtigen manchmal auch nicht den Ausgabeaufschlag.[2]

- Risiko durch spezielle Anlageschwerpunkte

Der Anleger kann sich durch seine Wahl bei Länderfonds Länderrisiken und bei Brachenfonds Branchenrisiken aussetzen.[3]

- Währungsrisiko

Auch Währungsrisiken sind bei der Auswahl von Investmentfonds zu beachten. Lautet der Fonds z.B. auf US $ müssen auch Wechselkursrisiken beachtet werden.[4]

---

[1] Basisinformation über die Vermögensanlagen in Wertpapieren (1999): 122
[2] Basisinformation über die Vermögensanlagen in Wertpapieren (1999): 123
[3] Basisinformation über die Vermögensanlagen in Wertpapieren (1999): 122
[4] Basisinformation über die Vermögensanlagen in Wertpapieren (1999): 122

6.3. Vorstellung von Investmentfonds

Unter Zuhilfenahme des Internet-Angebots der Allgemeinen Deutschen Direktbank AG (DiBa) erfolgte die Auswahl jeweils eines weltweit, europaweit und deutschlandweit anlegenden Aktienfonds, die sich in den letzten fünf Jahren am besten in ihrer Anlagekategorie behauptet haben. Um eine weitere häufig auftretende Anlageformen zu demonstrieren, wird ebenfalls ein Mischfonds vorgestellt.

6.3.1. Aktien weltweit: DWS Intervest

Anlageschwerpunkt: „Weltweite Anlage in Aktien. Nutzung der unterschiedlichen Entwicklung an den Aktienmärkten weltweit."[1]

Abb. 7: Chart DWS Intervest

Quelle: www.comdirect.de

---

[1] DWS Aktienfonds, Jahresberichte 2001/2002: 3

Tab. 7: Fondsdaten des DWS Intervest

WKN/ ISIN	847401/ DE0008474016	Gesellschaft	DWS Investment GmbH
Fondswährung	EUR	Auflegungsdatum	21.05.1959
Volumen	503 Mio. EUR (31.10.03)[1]	Benchmark	MSCI World[2]

Kosten		Aktueller Rücknahmepreis: 103,89 EUR[3]	
Ausgabeaufschlag	4,0 %	Verwaltungsgebühr	1,0 % p.a.
Depotbankvergütung	0,1 % p.a.	TER	1,2 % p.a.[1]

Ausschüttend/ Thesaurierend	Ausschüttend	Sparplanfähig	Ja

Die 10 größten Einzelwerte (%)[4]		Länderverteilung (%)[4]	
Allianz	2,70	USA	26,30
Deutsche Post	2,50	Japan	13,50
Schlumberger N.V.	2,00	Großbritannien	10,20
Microsoft	1,70	Deutschland	9,50
Royal Dutch	1,50	Frankreich	9,40
Total Fina Elf S.A.	1,40	Welt	8,40
Hon Hai Precision Ind. Co. Ltd.	1,40	Niederlande	4,20
BHP Billiton	1,40	Schweiz	4,20
Samsung Electronics (NV)	1,40	Taiwan	2,60
ING Groep	1,30	Südkorea	2,40

Quelle: DWS Aktienfonds Jahresberichte 2001/2002 10/2002

---

[1] http://fondsweb.de/fonds/profil.php?ID=752
[2] DWS Aktienfonds Jahresberichte 2001/2002 (10/2002): 35
[3] http://fondsweb.de/fonds/profil.php?ID=752, Stand: 05.12.2003
[4] http://www.diba.de/wb/fondscenter/fs_top.html

Tab. 8: Wertentwicklung des DWS Intervest

	Laufendes Jahr (%)	6 Monate (%)	1 Jahr (%)	3 Jahre (%)	5 Jahre (%)
DWS Intervest	13,22	15,24	7,87	-36,62	51,31
Branche/ Sektor	11,91	12,65	8,69	-19,08	-0,89

Quelle: http://www.diba.de/wb/fondscenter/fs_top.html

6.3.2. Aktien Europa: Fidelity European Growth

Anlageschwerpunkt: „Der Fidelity European Growth legt hauptsächlich in Aktien an, die an europäischen Börsen notiert sind."[1]

Abb. 8: Chart Fidelity European Growth

Quelle: www.comdirect.de

---

[1] Fidelity Funds SICAV, Teilfonds Prospekt (05/2003): 10

Tab. 9: Fondsdaten des Fidelity European Growth

WKN/ ISIN	973270/ LU0048578792	Gesellschaft	Fidelity Investments
Fondswährung	EUR	Auflegungsdatum	01.10.1990
Volumen	9.496 Mio. EUR[1]	Benchmark	FTSE Europe Index

Kosten		Aktueller Rücknahmepreis: 7,06 EUR[2]	
Ausgabeaufschlag	5,25 %[1]	Verwaltungsgebühr	1,50 %[1]
Depotbankvergütung	--	TER	Nicht veröffentlicht

Ausschüttend/ Thesaurierend	Ausschüttend	Sparplanfähig	Ja

Die 10 größten Einzelwerte (%)[3]		Länderverteilung (%)[3]	
Vodafone Group PLC	4,10	Großbritannien	31,90
Safeway	2,20	Sonstige Europa	18,90
Roche Genüsse	2,00	Deutschland	10,90
Repsol	1,70	Schweiz	10,00
Münchener Rück	1,50	Frankreich	8,80
GlaxoSmithkline PLC	1,50	Italien	7,50
Altana	1,40	Spanien	5,90
Vivendi Universal	1,40	Irland	3,00
Credit Suisse Group N	1,40	Griechenland	2,90
BP Plc	1,30		

Quelle: Fidelity Funds SICAV, Geprüfter Teilfondsgeschäftsbericht, April

2003

---

[1] http://fondsweb.de/fonds/profil.php?ID=2844
[2] http://fondsweb.de/fonds/profil.php?ID=2844, Stand: 05.12.2003
[3] http://www.diba.de/wb/fondscenter/fs_top.html

Tab. 10: Wertentwicklung des Fidelity European Growth

	Laufendes Jahr (%)	6 Monate (%)	1 Jahr (%)	3 Jahre (%)	5 Jahre (%)
Fidelity European Growth	15,50	18,25	14,17	-14,25	71,37
Branche/ Sektor	10,16	12,05	6,27	-19,94	-1,16

Quelle: http://www.diba.de/wb/fondscenter/fs_top.html

6.3.2. Aktien Deutschland: BBV Invest Union

Anlageschwerpunkt: „Der BBV Invest Union ist ein internationaler Aktienfonds, der seine Mittel vorzugsweise in deutsche Titel investiert. Neben hoch kapitalisierten Werten, wie sie im DAX vertreten sind, werden auch Dividendenpapiere von aussichtsreichen kleineren Unternehmen erworben. Darüber hinaus kann das Fondsmanagement an ausländischen Börsenplätzen zusätzliche Chancen nutzen.“[1]

Abb. 9: Chart BBV-Invest-Union

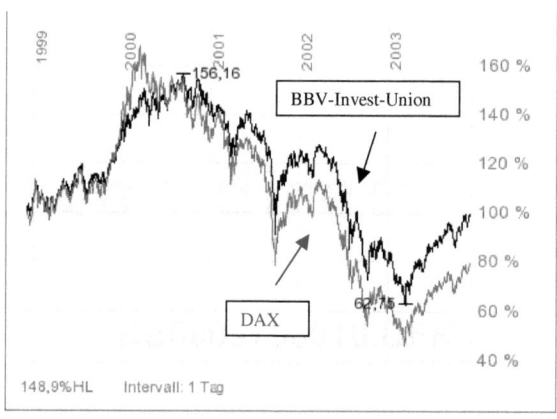

Quelle: www.comdirect.de

---

[1] BBV-Invest-Union Halbjahresbericht, Bericht per 30.09.2002: 8

Tab. 11: Fondsdaten des BBV Invest Union

WKN/ ISIN	975001/ DE0009750018	Gesellschaft	Union Investment Privatfonds GmbH
Fondswährung	EUR	Auflegungsdatum	06.06.1991[1]
Volumen	59 Mio. EUR (30.09.03)[1]	Benchmark	Nicht veröffentlicht

Kosten		Aktueller Preis: 69,49 EUR[2]	
Ausgabeaufschlag	5,00 %[1]	Verwaltungsgebühr	1,00 % p.a.[1]
Depotbankvergütung	0,05 % p.a.[1]	TER	1,13 % p.a.[1]

Ausschüttend/ Thesaurierend	Ausschüttend	Sparplanfähig	Nein

Die 10 größten Einzelwerte (%)[3]		Länderverteilung (%)[2]	
Siemens	9,10	Deutschland	74,70
Deutsche Telekom	8,30	Schweiz	6,00
Allianz	5,60	Großbritannien	4,60
DaimlerChrysler	5,30	Niederlande	3,20
SAP	5,20	Italien	2,10
BASF	4,70	Irland	1,10
E.ON	4,30	Belgien	1,00
Deutsche Bank	4,20	Frankreich	0,70
RWE	3,50		
UBS	3,10		

Quelle: BBV-Invest-Union Halbjahresbericht, Bericht per 30.09.2002

---

[1] http://fondsweb.de/fonds/profil.php?ID=3346
[2] http://fondsweb.de/fonds/profil.php?ID=3346, Stand: 05.12.2003
[3] http://www.diba.de/wb/fondscenter/fs_top.html, Stand 30.09.2003

Tab. 12: Wertentwicklung des BBV Invest Union

	Laufendes Jahr (%)	6 Monate (%)	1 Jahr (%)	3 Jahre (%)	5 Jahre (%)
BBV Invest Union	18,99	20,51	11,43	-36,29	-5,65
Branche/ Sektor	23,98	21,26	16,54	-35,82	-11,64

Quelle: http://www.diba.de/wb/fondscenter/fs_top.html

6.3.4. Mischfonds: DWS Vorsorge AS (Dynamik)

Anlageschwerpunkt: „Mischung aus Aktien (ungefähre Orientierungsgröße i.d.R. 70-75 %), festverzinslichen Wertpapieren und Immobilienfonds. Anlageschwerpunkte bilden europäische Werte. Internationale Werte finden ebenfalls Berücksichtigung."[1]

Abb. 10: Chart DWS Vorsorge AS (Dynamik)

Quelle: www.comdirect.de

---

[1] DWS Halbjahresberichte 2002/2003 und Verkaufsprospekt (4/2003): 22

Tab. 13: Fondsdaten des DWS Vorsorge AS (Dynamik)

WKN/ ISIN	976988, DE0009769885	Gesellschaft	DWS Investment GmbH
Fondswährung	EUR	Auflegungsdatum	06.11.1998
Volumen	211 Mio EUR (31.10.03)[1]	Benchmark	Nicht veröffentlicht

Kosten		Aktueller Preis: 65,07 EUR[2]	
Ausgabeaufschlag	4,00 %	Verwaltungsgebühr	z.Zt. 0,8 % p.a.
Depotbankvergütung	--	TER	0,9 % p.a.

Ausschüttend/ Thesaurierend	Thesaurierung	Sparplanfähig	Widersprüchliche Angaben

Die 10 größten Einzelwerte (%)[3]		Länderverteilung (%)[2]	
Philips Electronics	3,10	Welt	26,10
LVMH Moet Hennessy	3,10	Deutschland	15,60
HSBC Holdings	2,80	Großbritannien	12,40
L.M. Ericsson B	2,70	Frankreich	11,20
Siemens AG NA	2,40	Niederlande	7,80
GlaxoSmithkline PLC	2,10	Schweiz	7,60
BNP Paribas	2,10	Schweden	5,20
Total Fina Elf	2,10	Finnland	4,50
Shin-Etsu Chemical	2,00	Spanien	2,20
Royal Dutch	2,00	Norwegen	2,10

Quelle: DWS AS Fonds, Halbjahresberichte 2002/2003 und Verkaufsprospekt, April 2003

---

[1] http://fondsweb.de/fonds/profil.php?ID=3544

[2] http://fondsweb.de/fonds/profil.php?ID=3544, Stand: 05.12.2003

[3] http://www.diba.de/wb/fondscenter/fs_top.html, Stand: 31.10.2003

Tab. 14: Wertentwicklung des DWS Vorsorge AS (Dynamik)

	Laufendes Jahr (%)	6 Monate (%)	1 Jahr (%)	3 Jahre (%)	5 Jahre (%)
DWS Vorsorge AS (Dynamik)	9,95	9,48	6,70	-26,72	61,84
Branche/ Sektor	9,29	10,04	6,13	-16,95	-0,38

Quelle: http://www.diba.de/wb/fondscenter/fs_top.html, Stand: 17.11.2003

6.4. Performancemessung bei Aktieninvestmentfonds

Die Performancemessung von Investmentfonds hat verschiedene Adressaten. Der investitionswillige Anleger steht vor der Frage, welches Fonds-management am besten mit seinem Geld umgeht. Zur Beurteilung der Leistungsfähigkeit zieht er Vergangenheitsdaten heran und zieht daraus Schlüsse für die Zukunft. Die erbrachte Leitung eines Fondsmanagements nennt man allgemein Performance.[1]

Für die KAG ist die Performance ebenfalls wichtig, da ein Anteil der Entlohnung des Managers oder des Management-Teams variabel erfolgt.[2]

Die Performance eines Investmentfonds wird in Deutschland nach der Methode des BVI berechnet. Diese Methode berücksichtigt die Wertentwicklung des Investmentfonds, Ausschüttungen, die Werte der Anteile am Anfang und am Ende der Berechnungsperiode, den Wert der Anteile zum Ausschüttungs-zeitpunkt und den individuellen Ausgabeaufschlag.[3]

---

[1] Darijuschuk (2001):53
[2] Egner (1998): 73
[3] www.bvi.de, Wertentwicklungsberechnung.pdf

Abb. 11: Wertentwicklungsberechnung

$$\text{Anlageerfolg nach Ausgabeaufschlag} = \left(\frac{\text{ausgewiesene WE} + 100}{1 + \dfrac{\text{individuell gezahlter Ausgabeaufschlag in \%}}{100}} \right) - 100$$

mit WE = Wertentwicklung

Quelle: www.bvi.de, Wertentwicklungsberechnung.pdf

6.5. Fazit

Der Anleger sollte die Vermögensanlage in Investmentfonds immer kritisch sehen und an deren Erfolg messen. Die Zeitschrift „Finanzen Extra" kam zu dem Schluss, dass gerade einmal 8 % der von ihr bewerteten 1.846 aktiven Fonds ihre Benchmark schlagen.[1]

Die Praxis zeigt ebenfalls, dass der Anleger trotz der breiten Streuung, die mit Aktieninvestmentfonds einhergeht, nicht auf grundsätzliche Entscheidungen wie Streuung in verschiedene Anlageformen und Risikodiversifizierung, verzichten kann. Nicht zuletzt wegen der Baisse an den Aktienmärkten haben sich die Anleger in den letzten drei Jahren vermehrt den Rentenfonds zugewandt. Während die monatlichen Mittelzuflüsse im August 2000 in Aktienfonds noch bei 5.260,4 Mio. € lagen, zogen die Anleger ihr Vermögen in den Folgejahren ab (August 2001: -1.313,2 Mio. €, August 2002: -917,4 Mio. €). Im Gegensatz dazu lagen die Mittelzuflüsse bei Rentenfonds im August 2000 bei -1.449,5 Mio. €. In den Folgejahren jedoch nahmen sie zu (August 2001: 744,6 Mio. €, August 2002: 628,4 Mio. €).

---

[1] Finanzen Extra (1/2003): 32

Im Moment (August 2003) ist das Mittelaufkommen bei den Aktienfonds mit 255,7 Mio. € wieder positiv. Der Wert bei den Rentenfonds hat ebenfalls stark zugenommen (August 2003: 918,3 Mio. €).[1]

Ob das bedeutet, dass die Anleger wieder Mut fassen, wird wohl nur eine Betrachtung über einen längeren Zeitraum zeigen.

Der Anleger sollte ebenfalls die Kosten beachten. Ein hoher Ausgabeaufschlag von beispielsweise 5 % geht zu Lasten der Performance eines Fonds, die erst „verdient" werden müssen. Gerade im Zeitalter der Direktbanken ergeben sich hier viele Möglichkeiten zu sparen.

7. Hedge-Fonds

7.1. Definition

7.1.1. Geschichtliche Herleitung

Die Definierung des Begriffes „Hedge-Fonds" gestaltet sich schwierig, da es keine Legaldefinition gibt. Daraus resultieren einige, sich teilweise widersprechende, Definitionen, was mit Sicherheit zu der allgemeinen Unsicherheit im Umgang mit dem Begriff geführt hat. Bekier führt neun Stück auf.[2]

Der Begriff „Hedge-Fonds" setzt sich zunächst aus zwei Elementen zusammen. a) ‚To hedge' bedeutet auf deutsch ‚absichern' und ist isoliert betrachtet zunächst einmal irreführend, da der Begriff suggeriert, dass diese Fondsart hauptsächlich Absicherungsstrategien verfolgt. Dies ist jedoch nicht der Fall, da Hedge-Fonds gezielt Risiken eingehen, um ihr Ertragsziel zu erreichen. Sie sichern sich gegen jene Risiken ab, die sie nicht bewusst übernommen haben.[3]

---

[1] www.bvi.de, INTR-5RBGCNub0308.pdf (11.09.2003): 2
[2] Bekier (1996): 75
[3] Deutsche Bundesbank Monatsbericht März 1999: 32

b) Auch der Begriffsbestandteil ‚Fonds' hält einer Überprüfung nicht stand, da es sich hier um ein Anlageinstrument handelt, dass sich jenseits des vom KAGG bislang definierten Rahmens bewegt. Das hat den Grund, dass sich die Zielsetzungen des Fonds nicht mit denen im Gesetz vorgeschriebenen Regeln erreichen lassen.

Der Begriff entstammt vielmehr dem Sprachgebrauch des Marktes und lässt sich ableiten von dem ersten 1949 in den USA von Alfred W. Jones gegründeten Hedge-Fonds. Er setzte zwei seitdem für diese Fondsart typische Instrumente ein:

1. Der teilweise Einsatz von Fremdkapital zur Finanzierung der Anlagen des Fonds (Leverage).

2. Das Durchführen von Leerverkäufen (Short-Selling). Er kaufte dabei für unterbewertet gehaltene Aktien (Long-Position) und tätigte gleichzeitig Leerverkäufe mit Aktien, die er für überbewertet hielt (Short-Position). Der Hintergrund war, dass er den Fonds nur dem Marktrisiko aussetzen wollte, dass der Fondsmanager einzugehen bereit war, nämlich mit denen in der Long-Position gehaltenen Aktien. Die Aktien in der Short-Position sollten den Fonds gegen die unabwägbaren Risiken, insbesondere das allgemeine Risiko fallender Märkte, absichern, also ‚hedgen'. Das Ziel war, dass sich die Verluste aus den Long gehaltenen Aktien mit den Gewinnen aus den Leerverkäufen neutralisierten. [1]

7.1.2. Definition nach dem Gesetz ab dem 01.01.2004

Hedge-Fonds bewegen sich aufgrund der fehlenden Rechtsgrundlage somit zur Zeit noch im gesetzlichen und aufsichtsrechtlichen Niemandsland. [2]

---

[1] Kayser et al. (2002): 1270
[2] vgl. Deutsche Bundesbank Monatsbericht März 1999: 31

Der Gesetzgeber hat im Investmentmodernisierungsgesetz[1] neben anderen Neuerungen ebenfalls die Zulassung des Vertriebs von Hedge-Fonds in Deutschland verabschiedet, die am 01.01.2004 in Kraft tritt.

Somit ist hier eine Definition dieser Anlageart erforderlich. Das Gesetz beschreibt diese im Wesentlichen in den §§ 112-120 InvestmG.[2]

Das Sondervermögen des Hedge-Fonds ist ein „Sondervermögen mit zusätzlichen Risiken"[3]. Dieses Sondervermögen darf nicht von mehr als 30 Anteilseignern, die nicht natürliche Personen sind, gehalten werden.[4]

Da der Gesetzgeber erkannt hat, dass ein fester gesetzlicher Rahmen für den wirtschaftlichen Erfolg der Fonds hinderlich ist, versucht er, diesen Rahmen erst gar nicht zu ziehen. Er schreibt dazu in der Begründung zu § 112 Abs. 1 InvestmG, die dem Gesetz angehängt ist, folgendes:

> „Obwohl der Begriff Hedge Fund weltweit eingeführt ist, gibt es keine allgemeingültige Definition. Wegen der Bandbreite der mit „Hedge Fund" bezeichneten Produkten zugrunde liegenden Merkmale wäre es auch nicht zielführend, zu versuchen, eine Definition zu entwickeln."[5]

Daher setzt er in § 112 Abs. 1 InvestmG fest, dass für diese Fondsart keine Anlagebeschränkungen gemäss § 2 Abs.4 InvestmG gelten. Die Vertragsbedingungen eines Hedge-Fonds müssen jedoch „mindestens eine"[6] der folgenden Bedingungen vorsehen:

> „ 1. eine Steigerung des Investitionsgrades des Sondervermögens über grundsätzlich unbeschränkte Aufnahme von Krediten für gemeinschaftliche Rechnung der Anleger oder über den Einsatz von Derivaten (Leverage),

---

[1] Die Version, die ich zugrunde lege, ist der Gesetzesentwurf, der vom Bundestag und Bundesrat im August 2003 beschlossen wurde.
[2] Im Zuge der Reform wird das KAGG und das AuslInvestG zusammengelegt und heißt dann Investmentgesetz (InvestmG).
[3] § 112 Abs. 2 InvestmG
[4] § 91 Abs. 1 InvestmG
[5] Anhang 1
[6] § 112 Abs. 1 InvestmG

2. den Verkauf von Vermögensgegenständen für gemeinschaftliche
Rechnung der Anleger, die im Zeitpunkt des Geschäftsabschlusses nicht
zum Sondervermögen gehören (Leerverkauf)."[1]

Somit empfindet der Gesetzgeber die typischen Merkmale der „Urform" des ersten Hedge-Fonds von 1949 nach (siehe Kapitel 8.1.1.).

Ferner werden u.a. die folgenden Punkte im Gesetz genannt:

- Die Beteiligung an Unternehmen, die nicht an einer Börse gehandelt werden, dürfen nicht mehr als 30 % betragen.[2]

- Das BMF kann eine Rechtsverordnung zur Beschränkung von Leverage und Leerverkäufen erlassen, falls es zur Abwendung von Missbrauch oder Wahrung der Integrität der Märkte erforderlich ist.[3]

- Die Anlage der Kunden hat in mindestens fünf Dachfonds zu erfolgen, von denen nicht mehr als 40 % von einem Emittenten sein dürfen.[4]

- Die Rücknahme der Fondsanteile ist eingeschränkt (mindestens einmal im Vierteljahr), es ist eine Mindestkündigungsfrist erforderlich.[5]

- Der Verkaufsprospekt muss zusätzlich zu den Angaben gemäss § 42 Abs. 1 InvestmG sechs weitere Angaben machen und „an auffälliger Stelle drucktechnisch hervorgehoben" den folgenden Satz enthalten: „Der Bundesminister der Finanzen warnt: Bei diesem Investmentfonds müssen Anleger bereit und in der Lage sein,

---

[1] § 112 Abs. 1, Nr. 1 und 2 InvestmG
[2] § 112 Abs. 1 InvestmG
[3] § 112 Abs. 3 InvestmG
[4] § 113 Abs. 1, 4 InvestmG
[5] § 116 InvestmG

Verluste des eingesetzten Kapitals bis hin zum Totalverlust hinzunehmen."[1]

7.2. Das Wesen von Hedge-Fonds

7.2.1 Ziele der Hedge-Fonds

Hedge-Fonds haben das Ziel, den Anlegern losgelöst von aktuellen Trends einen hohen Ertrag zu bieten. Charakteristisch für diese Anlageart ist die Messung des Erfolges in absolutem Erfolg, weshalb Hedge-Fonds mitunter auch „Investments mit absolutem Ertragsziel" oder „Absolute Return Investments" genannt werden.[2]

Der Unterschied zwischen relativer und absoluter Rendite ist der folgende: Die relative Rendite wird häufig im Vergleich zu bestimmten Standardwerten ermittelt. So wird ein Fonds häufig mit einer Benchmark verglichen. So könnte man einen Aktienfonds, der in deutsche Standardaktien investiert und in seinem Wert um 10 % sinkt - bei einem gleichzeitigen Verlust des DAX um 20 % -, als relativ erfolgreich bezeichnen.[3]

Die absolute Rendite bedeutet nun, auch einen absoluten Ertrag zu erzielen, wenn die Kurse allgemein fallen. Deshalb ist es erforderlich, so zu investieren, dass möglichst keine Marktkorrelation besteht. Dafür ist der Fondsmanager verantwortlich, der die bewussten Risiken nach seinem besonderen Fachwissen eingeht.[4] Anders ausgedrückt: der Anleger vertraut sich dem Fondsmanager an und nicht dem Marktgeschehen.

7.2.2. Instrumente der Hedge-Fonds

Als Instrumente der Hedge-Fonds sind der Gebrauch von Fremdkapital, Derivaten und die Durchführung von Leerverkäufen relevant.

---

[1] § 117 InvestmG
[2] Stadlmann (2001): 523
[3] Kayser et al. (2002):1271
[4] Kayser et al. (2002):1271

Der Gebrauch von Fremdkapital macht erst den Hebel (Leverage) möglich. Wenn der Fonds einen Ertrag erzielt, der die Fremdkapitalkosten übersteigt, so wird das positive Ergebnis noch durch den zusätzlichen Ertrag erhöht. Ist das Ergebnis dagegen ein Verlust, so müssen nicht nur die Fremdkapitalkosten, sondern auch das Darlehen, das für die Anlage aufgenommen wurde, aus Eigenmitteln bedient werden.[1]

Bei Derivaten handelt es sich um Termingeschäfte, deren Preis abhängig ist vom Börsen- oder Marktpreis von Edelmetallen, Wertpapieren, Geldmarktinstrumenten, Devisen und Waren, wie z.B. Schweinehälften. Genauso zählen auch Devisen zu den oftmals von Hedge-Fonds verwendeten Mittel.[2]

Leerverkäufe sind Terminverkäufe von Aktien, die man im Zeitpunkt des Verkaufes noch nicht besitzt, also in diesem Fall nicht zum Sondervermögen des Fonds gehören.[3]

7.2.3. Anlagestile der Hedge-Fonds

Genauso, wie die Definition von Hedge-Fonds vom Markt geformt wurde, sind auch die Anlagestile der Fonds durch den Markt und die unterschiedlichen Ausrichtungen geboren. Kayser et al. kommen hier auf fünf unterschiedliche Hauptstile und zusätzliche Kombinationen und Feinheiten[4] während die Deutsche Bundesbank zwei Hauptstile ausmacht und mit den „vermischten Formen" insgesamt dreizehn Stile feststellt.[5]

Das Grundprinzip vieler Hedge-Fonds ist es, im Kapitalmarkt bestehende „Ungleichgewichte", die sich in kurzer oder mittlerer Frist ausgleichen, aufzuspüren und für sich nutzbar zu machen.[6]

---

[1] Kayser et al. (2002): 1271
[2] vgl. § 1 Abs. 11 KWG und Kayser et al. (2002): 1271
[3] vgl. § 112 Abs. 1 Nr. 2 InvestmG
[4] Kayser et al. (2002): 1272 f.
[5] Deutsche Bundesbank Monatsbericht März 1999: 34 f.
[6] Franke (2000): 303

Die Deutsche Bundesbank unterscheidet hier etwas differenzierter:

1. „Absolute Preisbewegungen eines Instruments oder [..] eines Marktes aufgrund erwarteter Veränderungen emittentenspezifischer oder gesamtwirtschaftlicher Fundamentalfaktoren"

   Diese Strategie setzt auf die Angleichung des Preises der offenen Position an seinen „Fundamentalwert". Dieses Vorgehen kann man beobachten bei Wechselkursen, wenn beispielsweise auf einen geldpolitischen Wechsel gesetzt wird, und bei Kursveränderungen von Wertpapieren aufgrund von unternehmensspezifischen Daten.

2. „Fehlbewertungen im Preisverhältnis zwischen [...]eng verwandten Finanzaktiva [..] und kann als ‚Arbitrage in Erwartungen'" bezeichnet werden.

   Hier werden als unterbewertet eingeschätzte Papiere gekauft und die als überbewertet angesehenen Papiere verkauft. Dies findet man z.B. bei Anleihekursen, deren Preise ungleich sind auf dem Kassa- und Futuresmarkt.[1]

Hier soll eine Einteilung nach Kayser vorgenommen werden, da einige Stile sich überschneiden und unter anderem Namen in der Literatur zu finden sind.[2]

1. Relative Value

   Hier wird nach Arbitragemöglichkeiten gesucht, um Preisdifferenzen zwischen verwandten Anlagegegenständen auszunutzen. Die Grundannahme ist hier, dass sich in diesen Situationen Marktunvollkommenheiten zeigen, die sich aber ausgleichen.

2. Event Driven

   Diese Strategie konzentriert sich auf spezielle Einzelvorkommnisse an den Märkten. Hier wird nach Unternehmen gesucht, die zukünftig

---

[1] Deutsche Bundesbank Monatsbericht März 1999: 34
[2] Kayser et al. (2002): 1272 f

betroffen sein können von Übernahmen, Restrukturierungen, Fusionen, Liquidationen, Insolvenzen und Ähnlichem.

Diese Strategie vereint etwa 20 % der Gelder in Hedge-Fonds auf sich und steht für relativ hohe Renditen bei mittlerer Volatilität.

3. Long/Short Equity

Bei diesem Anlage-Stil wird knapp die Hälfte des Anlagevermögens nach folgendem Muster angelegt: Es werden Long-Positionen in verschiedenen Finanzinstrumenten aufgebaut, die mit Short-Positionen in anderen Instrumenten oder deren Derivaten abgesichert sind. Das Ziel ist es, einen möglichst hohen Mehrgewinn gegenüber Standardportfolios zu schaffen durch Zinsvorteile und gleichzeitiger Absicherung gegen Marktrisiken. Die meisten Fonds-Manager verfolgen diese Strategie.

4. Global Macro

Diese Strategie besteht in der Regel aus weltweitem, opportunistischem Handel in allen Anlagekategorien und –märkten. Die Manager versuchen, makroökonomische Trends auszumachen und diese an etablierten und Wachstumsmärkten für sich auszunutzen. Ein spezieller Schwerpunkt liegt im aufspüren von Situationen, die geeignet sind, „in Zukunft marktpsychologische Schockreaktionen hervorzurufen".

Die Anzahl dieser Fonds ist gering, jedoch ist das Volumen und die Renditechancen bemerkenswert. Sie erzielen die größten Renditen, bergen aber auch die größten Risiken.

Diese Art der Strategie hat aufgrund des hohen Volumens und des hohen Leverage den Ruf, Märkte „beeinflussen und manipulieren" zu können.

5. Managed Futures

   Bei dieser Strategie versuchen die Manager auf der Basis der technischen Analyse von fallenden und steigenden Kursen in börsennotierten Waren- und Terminmärkten zu profitieren.

Eines sollte der Anleger bei der Anlage in Hedge-Fonds beachten, was zunächst selbstverständlich erscheint. Die in der Vergangenheit erwirtschafteten Gewinne sollte man mit Vorsicht genießen, da es keine Garantie auf Erfolg in ähnlicher Höhe im nächsten Jahr gibt. Abb. 12 zeigt, wie nah Erfolg oder Misserfolg von einem Jahr auf das nächste folgen kann.

Abb. 12: Performance of individual Hedge Funds

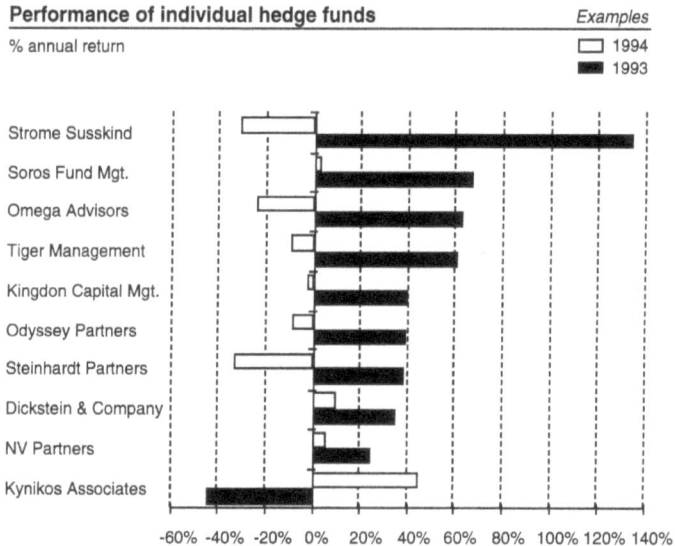

Quelle: Bekier (1995): 101

Diese großen Differenzen deuten auf das höhere Risiko hin, das der Hedge-Fonds in sich trägt. Wenn die Ausrichtung des Fonds in einem Jahr richtig ist und sich das Marktumfeld im nächsten ändert, ohne dass die Positionen des Fonds angepasst werden, wirkt sich das durch den hohen Hebel fatal aus.[1]

Wie sich ebenfalls gezeigt hat, ist die Performance von Hedge-Fonds bei fallenden Kursen besser. In der Zeit von März bis September 2003 hat der DAX mehr als 50 % zulegen können, der CSFB-Tremont-Hedge-Fonds-Index der mehr als 3000 Hedge-Fonds abbildet, aber nur etwa 7 %. Daher folgert die DSW, dass sich diese Fondsart vor allem in einem „volatilen Bärenmarkt pudelwohl" fühlt.[2]

7.3. Kosten von Hedge-Fonds

Die Kosten von Hedge-Fonds unterscheiden sich von der Kostenstruktur herkömmlicher Investmentfonds.[3]

Was die klassischen Fonds und die Hedge-Fonds gemeinsam haben, ist die jährliche Vergütung, die sog. Management Fee, die hier in Höhe von etwa 1 % gemessen am Nettovermögenswert (oder auch Net Asset Value) anfällt.

Ein Unterschied besteht in der Erfolgsbeteiligung. Um die Manager zu motivieren, ist es üblich, ihnen eine Beteiligung an den Gewinnen in Höhe von 20% zukommen zu lassen (Carried Interest). Diese kommt jedoch erst zustande, wenn das eingesetzte Geld der Investoren zurückgezahlt ist und eine vorher festgelegte Mindestrendite erreicht ist, meist zwischen 5-10 % (Hurdle Rate). Diese Beteiligung ist weiterhin an den Ausgleich der zuvor erlittenen Verluste des Fonds gebunden (High Water Mark).

Allerdings hat der dit angekündigt, für einen Dachfonds, der mehrere Strategien verfolgt, einen Ausgabeaufschlag von fünf Prozent und eine jährliche Verwaltungsgebühr von 1,25 bis 2 Prozent zu verlangen.[4]

---

[1] Bekier (1995): 100
[2] Die Welt, Hedge-Fonds sind weder Teufelswerk noch Zauberei (26.09. 2003)
[3] Kayser et al. (2002): 1272
[4] Die Welt, Hedge-Fonds-Vorbereitungen laufen auf Hochtouren (01.10.2003)

7.4. Regulierungen und ihre Umgehung

Durch die Restriktionen, die den KAG in Deutschland auferlegt werden, ist es praktisch unmöglich, Hedge-Fonds in Deutschland zu vertreiben.[1] Deshalb weichen viele Anlagegesellschaften dorthin aus, wo die Gesetze für ihre Zwecke besser ausgestaltet sind, um von dort aus zu wirken. Die Hedge-Fonds-Betreiber in Europa bevorzugen mit großem Abstand Großbritannien gefolgt von den USA. Das Gesamtvolumen von europäischen Hedge-Fonds betrug im Jahr 2000 41,6 Mrd. €.[2] Davon wurden von Teams mit Sitz in Großbritannien 34,944 Mrd. € verwaltet, gefolgt von den USA mit 2, 366 Mrd. € und Schweden mit 1,183 Mrd. €.

Beliebt ist es ebenfalls, verbotene Produkte oder Modelle in Genussrechte zukleiden und die dann zum Verkauf anzubieten. Obwohl zum 01.01.2004 Hedge-Fonds in Deutschland zugelassen werden, ahndet das BaFin Verstöße gegen die Zulassung mit dem Handel von Finanzprodukten und Umgehungstatbestände mit aller Konsequenz für die Beteiligten. Erst am 19.09.2003 hat das BaFin der Jaeger Research GmbH das Betreiben von Finanzkommissionsgeschäften in Deutschland verboten[3]. Die Jaeger Research GmbH hat in Deutschland Genussrechte im Namen der Jaeger Research Ltd mit Sitz in London angeboten, deren beider Inhaber Mario Jaeger ist. Mario Jaeger hat Termingeschäfte in Genussrechte gekleidet, um so das KAGG zu umgehen.

Dies ist nicht das erste Mal, dass das solche Verbote ausgesprochen wurden. Bereits am 19.02.2003 hatte das BaFin der German Asset Managers AG mit Sitz in Frankfurt am Main das Vertreiben von „Master-Zertifikaten" für die

---

[1] Kayser et al. (2002): 1273
[2] Stadlmann (2001): 525
[3] Anhang 3

Teilnahme am Handel mit Derivaten und Hedge-Fonds verboten und die Rückabwicklung festgesetzt.[1]

Ebenso verbot das Ministerium die K1 Invest GbR und K2 Invest GbR (Sitz in Mörfelden-Walldorf, Hessen) am 03.07.2003 und ordnete die Einstellung des Geschäftsbetriebes an. Diese Gesellschaften hatten Geld von Kunden angenommen, um sie in "Forex-Interbanken-Devisenhandel, Aktien-(Index), Zins- und Terminmarkt-Handel und in verschiedene[n] Hedgefondsstragien" anzulegen, wofür sie keine Genehmigung des BaFin eingeholt hatten.[3]

7.5. Fazit

Hedge-Fonds genießen weithin einen eher schlechten Ruf. So soll der Quantum-Fonds des international bekannten Spekulanten George Soros im Jahr 1992 für den kurzfristigen Absturz des britischen Pfunds und die Krise im europäischen Währungssystem verantwortlich sein.[2] Dazu kam es, als der Fonds eine „negative Position" in der Höhe von 10 Mrd. US-$ im britischen Pfund aufgebaut hatte und somit in großem Umfang von der Abwertung der Währung profitierte.[3] Auch im Zusammenhang mit der Ostasien-Krise 1997 werden sie genannt, obwohl es dafür nur wenige Beweise gibt.[4]

---

[1] http://www.bafin.de/cgi-
bin/bafin.pl?sprache=0&verz=02_Fxfcr_Verbraucher*04_Ungesetzliche_Bank-
_x2c_Versicherungs-
_und_Finanzdienstleistungsgeschxe4fte&nofr=1&site=0&filter=&ntick=0
[2] Kayser et al. (2002): 1269
[3] Franke (2000): 312
[4] Deutsche Bundesbank Monatsbericht März 1999: 37 f

Abb. 13: Wechselkursverhältnis GBP-USD Feb. 1974 bis Mai 2003

Quelle. www.taprofessional.de

Franke hat in empirischen Daten keine Beweise für die These gefunden, dass Preisschwankungen von Finanztiteln durch Hedge-Fonds ausgelöst werden können, kann aber auch nicht das Gegenteil beweisen.[1] Als Grund führt er die Größenrelation zwischen Hedge-Fonds und dem gesamten Finanzmarkt an. So betrug im Jahr 1997 das durchschnittlich verwaltete Vermögen eines Hedge-Fonds 100 Mio. US-$. Im Gegensatz dazu verwalteten 1992 Investment-, Pensionsfonds und Versicherungsgesellschaften in Kanada, den USA, Deutschland, Japan und Großbritannien Vermögen im Wert von etwa 11 Bio. US-$.[2]

---

[1] Franke (2000): 314
[2] Franke (2000): 314

Die Deutsche Bundesbank führt Voraussetzungen auf, unter denen es zu Auswirkungen durch Hedge-Fonds im Finanzwesen kommen kann:[1]

1. Durch den Ruf einiger Hedge-Fonds-Manager, „besonders kompetent und erfolgreich zu sein", könnten andere Teilnehmer am Markt ihnen in ihren Aktionen folgen in so einer Art „Herdentrieb".

2. Destabilisierend können sie wirken, wenn sie in einem fallenden Markt zusätzlich Verkaufsorders platzieren.

3. Stabilisierend dagegen können sie sein, falls in einen fallenden Markt Kauforders gegeben werden, da eine solche Preisveränderung in den Augen der Manager nur eine zeitliche Untertreibung darstellt.

Die Gefahr zur Preisbeeinflussung und Destabilisierung steigt jedoch wenn:

- Fonds über einen hohen Hebel verfügen,

- Es bei Ausfällen von Vermögenswerten zum Abbau von großen Positionen zwecks Nachschusspflichten kommt,

- Das Bankensystem in einem labilen Zustand getroffen wird,

- Hedge-Fonds in engen Märkten agieren,

- Bei Abbau von großen, gehebelten Positionen liquide Märkte illiquide werden und Markteilnehmer ihre Positionen nicht mehr schließen können

- Und ein Vertrauensverlust durch den Abbau von Positionen ausgelöst wird und eine Krise im Bankensystem auslöst.

Trotzdem ist die Auswirkung von Hedge-Fonds auch hierzulande schon spürbar. Am 21.10.2003 hat die DaimlerChrysler AG ihre Quartalszahlen

---

[1] Deutsche Bundesbank Monatsbericht März 1999: 38-40

vorgelegt. Trotz „enttäuschenden Zahlen" und einem „unsicheren Ausblick[..]" kam es zu keinen großen Kursschwankungen. Als Grund heißt es hierzu in der Meldung: „Einige Hedge-Fonds hätten am Dienstag unmittelbar nach den Zahlen Shorts aufgebaut, diese [werden] [..] jetzt zum größten Teil wieder eingedeckt".[1]

Die Auswirkungen auf den deutschen Markt sind kaum einzuschätzen. So erwartet die Hypovereinsbank-Gruppe für den deutschen Markt bei konservativen Schätzungen ein potentielles Marktvolumen von 50 Mrd. € und keine höhere Volatilität der Finanzmärkte.[2]

Somit bleibt nur abzuwarten, was die Zulassung dieser Fondsart in Deutschland für einen längerfristigen Einfluss auf den deutschen Markt hat.

---

[1] www.finanztreff.de/ftreff/popup_news_druck.htm
[2] Anhang 3

Anhänge

Anhang 1: Begründung zu § 112 InvestmG

Begründung

Zu Kapitel 4 (Besondere Vorschriften für Sondervermögen mit zusätzlichen Risiken)

Zu § 112 (Sondervermögen mit zusätzlichen Risiken)

Zu Absatz 1

Die Regelung führt die Fondskategorie des „Sondervermögens mit zusätzlichen Risiken" ein, über die in Deutschland die so genannten „Hedge Funds" geregelt werden sollen. Hedge Funds gehören zu den „alternativen Investments". Die Regelung bezieht sich aber nicht auf sämtliche Arten alternativer Investments wie beispielsweise Private Equity Fonds und Venture Capital Fonds sondern lediglich auf Produkte, die die Merkmale von Hedge Funds aufweisen. Die aus dem Angelsächsischen stammende Bezeichnung „Hedge Fund" ist zwar international gebräuchlich, kann jedoch bei einer Regelung im Investmentgesetz aus gesetzessystematischen Gründen nicht allein zur Bezeichnung des hier zu regulierenden Produktes verwendet werden. Zudem ist der Begriff Hedge Fund an sich irreführend, da er den Eindruck vermittelt, es handele sich um Absicherungsinstrumente („to hedge" entspricht eingrenzen, sichern), obwohl tatsächlich gerade diese Fonds spekulativ in hochriskanten Vermögensgegenständen anlegen. Obwohl der Begriff Hedge Fund weltweit eingeführt ist, gibt es keine allgemeingültige Definition. Wegen der Bandbreite der mit „Hedge Fund" bezeichneten Produkten zugrunde liegenden Merkmale wäre es auch nicht zielführend, zu versuchen, eine Definition zu entwickeln. Hedge Funds sind Kapitalsammelstellen, deren Manager Anlagemärkte, Instrumente und Strategien frei wählen und weitgehend frei von gesetzlichen Vorgaben unter Aufnahme von Krediten oder des Einsatzes von Derivaten zur Steigerung des Investitionsgrades

(Hebelwirkung oder Leverage) und der Durchführung von Verkäufen von Vermögensgegenständen, die sich zur Zeit des Verkaufs nicht im Eigentum des Sondervermögens befinden (Leerverkauf oder short sale), anlegen dürfen. [...]

Anhang 2: Verbotsbegründung der Jaeger Research GmbH durch das BaFin

Bundesanstalt für Finanzdienstleistungsaufsicht

BaFin untersagt der Jaeger Research GmbH und Herrn Mario Jaeger das Finanzkommissionsgeschäft

Die Bundesanstalt für Finanzdienstleistungsaufsicht (BaFin) hat am 19. September 2003 der Jaeger Research GmbH, Bad Wildungen, und Herrn Mario Jaeger das Betreiben des Finanzkommissionsgeschäfts untersagt und die Abwicklung der Geschäfte angeordnet. Herr Mario Jaeger bot als Geschäftsführer der Jaeger Research Ltd., London, Genussrechte an der Jaeger Research Ltd. an. Das Genussrechtskapital nahm die Jaeger Research GmbH entgegen; es sollte in Finanzinstrumenten, insbesondere Termingeschäften, angelegt werden. Nach Angaben von Herrn Jaeger haben rund 200 Anleger Gelder in Höhe von rund 3,3 Mio. Euro eingezahlt. Damit betrieben Herr Jaeger und die Jaeger Research GmbH das Finanzkommissionsgeschäft ohne die hierfür erforderliche Erlaubnis der BaFin. Die BaFin hat zur Abwicklung der unerlaubt betriebenen Geschäfte Herrn Rechtsanwalt Henningsmeier, Hamburg, zum Abwickler bestellt. Herr Henningsmeier ist damit allein berechtigt, sämtliche Maßnahmen zur Abwicklung der unerlaubten Bankgeschäfte vorzunehmen. Die o.a. Gesellschaften verfügen weder über eine ordnungsgemäße Buchhaltung noch über ein ordnungsgemäßes Rechnungswesen. Die Aufarbeitung der Buchhaltung wird voraussichtlich mehrere Monate in Anspruch nehmen.

Zum Schutz der Anleger darf Herr Jaeger darüber hinaus weder

- im eigenen Namen noch

- als Geschäftsführer der Jaeger Research GmbH noch

- als Director der Jaeger Research Ltd., London, oder

- als Director anderer Gesellschaften im Ausland, z.B. der JR CTS Trend Ltd, Bahamas,

den Kunden eine Änderung der abgeschlossenen Verträge anbieten. Dieses Verbot soll verhindern, dass die ordnungsgemäße Abwicklung der Anlagegelder über das Angebot von Änderungsverträgen unterlaufen wird.

Die Entscheidungen der BaFin sind von Gesetzes wegen sofort vollziehbar, jedoch noch nicht bestandskräftig.

Bonn/Frankfurt, den 09. Oktober 2003

Anhang 3: Pressemeldung zur Zulassung von Hedge-Fonds

Frankfurt (vwd) - Die HVB Group erwartet durch die Zulassung von Hedgefonds in Deutschland keine höhere Volatilität der Finanzmärkte. Kennzeichen erfolgreicher Hedgefonds sei, dass Marktanomalien schnell ausgenutzt und damit behoben würden, heißt es in einer am Freitag veröffentlichten Studie. Mit Blick auf das potenzielle Volumen dieser Anlageform wird eine Größenordnung von 50 Mrd EUR als selbst bei konservativer Schätzung durchaus plausibel bezeichnet. Da das Angebot von Hedgefonds auch die Attraktivität des Finanzplatzes Deutschland erhöhe, werde es aber nicht nur bei Umschichtungen innerhalb des bisherigen Kapitalbestands bleiben. Vielmehr sei mit Kapitalzuflüssen zu rechnen, von denen nach Ansicht der HVB Group auch alle übrigen Anlageklassen profitieren dürften. Abschließend wird in der Studie betont, dass die Zulassung von Hedgefonds die Wettbewerbsfähigkeit des Finanzplatzes Deutschland stärke und die Kapitalmarkteffizienz erhöhe. Dies erleichtere die

Unternehmensfinanzierung, verbessere das Investitionsklima und unterstütze mittelfristig das Wachstumspotenzial. Zwar sollten angesichts der Vielzahl an strukturellen Defiziten die realwirtschaftlichen Auswirkungen von Hedgefonds nicht überbewertet werden, wichtig sei jedoch ihre Signalfunktion für die Modernisierung des Standorts Deutschland. vwd/12/21.11.2003/jej/ros

9. Literaturverzeichnis

Fachliteratur

Bekier, M. (1996). Marketing of Hedge Funds. Diss. Bern.

Bundesverband der Deutschen Volksbanken und Raiffeisenbanken BVR (Hrsg.) (1999). Basisinformationen über die Vermögensanlagen in Wertpapieren. Köln.

Darijtschuk, N. (2001). Performancemessung bei Zinsänderungen. Diss. Wiesbaden.

Egner, T. (1998). Performancemessung bei Wertpapierinvestmentfonds. Heidelberg.

Grill, H. und H. Perczynski (1998). Wirtschaftslehre des Kreditwesens. Bad Homburg vor der Höhe.

Sekundärliteratur

Budinsky, R. (2002). Aktienindexfonds: Produktidee

und Umsetzung. Diss. Frankfurt
(Main).

Kastendiek, H., K. Rohe und A.
Volle (Hrsg.) (1994).
Länderbericht Großbritannien.
Bonn.

Single, G. und M. Stahl (2000).
Gefahrenherd Hedge-Fonds: der
Fall LTCM. Bankarchiv (12):
1060-1066

Fachzeitschriften   Franke, G. (2000). Geschäfts- und
Risikopolitik von Hedgefonds im
Vergleich zu anderen
Finanzintermediären: Sind
Hedgefonds besonders gefährlich?.
Perspektiven der
Wirtschaftspolitik 1 (3): 301-318.

Kayser, J. und J. Steinmüller
(2002). Hedge-Fonds im
Überblick. Finanzrundschau (23):
1269-1279.

Stadlmann, M. (2001).
Hedgefonds und Investments mit
absolutem Ertragsziel. Bankarchiv
(7): 523-528.

Gesetze

Gesetz über
Kapitalanlagegesellschaften
(KAGG) (2003). Beck-Texte (31)

Investmentgesetz (InvestmG)
(Entwurf). www.bvi.de. INTR-5
PCFXNinvmodG_gesetzentw.pdf.

Statistische Quellen

Deutsche Bundesbank (1999).
Hedge-Fonds und ihre Rolle auf
den Finanzmärkten.
Monatsberichte 51 (3): 31-44.

Zeitschriften

Finanzen Extra (2003). Sichere
Gewinne mit Fonds (1). München.

Zeitungen

Süddeutsche Zeitung (2003).
Später Lohn für die Salami-Taktik.
30. September: 27.

Welt (2003). Hedge-Fonds-
Vorbereitungen laufen auf
Hochtouren. 01.Oktober: 17.

Welt (2003). Hedge-Fonds sind
weder Teufelswerk noch Zauberei.
26.September.

Fondsberichte

DWS Investment GmbH (2003).
Aktienfonds Jahresberichte
2001/2002. Oktober. Frankfurt
(Main).

DWS Investment GmbH (2003).
DWS AS Fonds
Halbjahresberichte 2002/2003 und
Verkaufsprospekt. April. Frankfurt
(Main).

DWS Investment GmbH (2003).
Halbjahresberichte 2002/2003 und
Verkaufsprospekt. April. Frankfurt
(Main).

Fidelity Funds SICAV (2003).
Geprüfter Teilfonds-
Geschäftsbericht. April. Frankfurt
(Main).

Fidelity Funds SICAV (2003).
Teilfonds-Prospekt. Mai. Frankfurt
(Main).

Union Investment Privatfonds
GmbH (2002). BBV-Invest-Union
Halbjahresbericht. September.
Frankfurt (Main).

Union Investment Privatfonds
GmbH (2003).Fondsdaten, Die
Publikumsfonds von Union
Investment. September. Frankfurt
(Main).

Internetquellen

http://info.dws.de/dws/nav_dwsdirekt.nsf/frameset

http://www.bafin.de/cgi-
bin/bafin.pl?sprache=0&verz=02_Fxfcr_Verbraucher*04_Ungesetzliche_
Bank-_x2c_Versicherungs-
_und_Finanzdienstleistungsgeschxe4fte&nofr=1&site=0&filter=&ntick=0

www.bundesregierung.de/Themen-A-Z/Steuern-und-Finanzen-,7397/Viertes-
Finanzmarktfoerderungs.htm

www.bvi.de/fsSEKM-4MRMW3.html

www.comdirect.de

www.diba.de/wb/fondscenter/dibafondsrendite.html

www.diba.de/wb/fondscenter/fs_top.html

www.finanztreff.de/ftreff/popup_news_druck.htm

www.fondsweb.de/fonds/profil.php?ID=2844

www.fondsweb.de/fonds/profil.php?ID=3346

www.fondsweb.de/fonds/profil.php?ID=3544

www.fondsweb.de/fonds/profil.php?ID=752

www.taprofessional.de

www.wertpapierhandelsgesetz.trenkler.de/german/04wphg00.shtml